O Livro das Atitudes II

O Livro das Atitudes II

Texto: SÔNIA CAFÉ
Ilustrações: NEIDE INNECCO

Editora Pensamento
SÃO PAULO

Copyright © 2006 Sônia Café e Neide Innecco.

1ª edição 2007.

5ª reimpressão 2023.

Todos os direitos reservados. Nenhuma parte desta obra pode ser reproduzida ou usada de qualquer forma ou por qualquer meio, eletrônico ou mecânico, inclusive fotocópias, gravações ou sistema de armazenamento em banco de dados, sem permissão por escrito, exceto nos casos de trechos curtos citados em resenhas críticas ou artigos de revistas.

A Editora Pensamento não se responsabiliza por eventuais mudanças ocorridas nos endereços convencionais ou eletrônicos citados neste livro.

Dados Internacionais de Catalogação na Publicação (CIP)
(Câmara Brasileira do Livro, SP, Brasil)

Café, Sônia
 O livro das atitudes II / texto Sônia Café ; ilustrações Neide Innecco. – São Paulo : Pensamento, 2007.

 ISBN 978-85-315-1504-0

 1. Atitude (Psicologia) 2. Atitude – Mudança 3. Conduta de vida 4. Desenvolvimento pessoal 5. Espiritualidade I. Innecco, Neide. II. Título.

07-6409 CDD-170

Índices para catálogo sistemático
1. Atitudes : Conduta de vida : Ética 170

Direitos reservados
EDITORA PENSAMENTO-CULTRIX LTDA.
Rua Dr. Mário Vicente, 368 – 04270-000 – São Paulo, SP
Fone: (11) 2066-9000
E-mail: atendimento@editorapensamento.com.br
http://www.editorapensamento.com.br

Dedico este livro
aos campos soteropolitanos da terra, que me
acolheram ao nascer e onde eu me recolhi
para escrevê-lo;
e a todas as pessoas que tomam atitudes
diárias com uma qualidade de consciência
que torna este mundo melhor.

INTRODUÇÃO

Tomar atitudes conscientes é o melhor que podemos fazer pelo mundo e por nós mesmos. O que diferencia as pessoas que conseguem usar bem os seus potencias das que não conseguem é a capacidade que elas têm de agir e de estar conscientes do significado e do impacto de suas atitudes, na vida que estão criando e vivendo.

Teremos, certamente, muitas possibilidades de qualificar nossas atitudes se agirmos com base em princípios éticos e na responsabilidade que todos nós temos, como fios da teia da vida. Se algo que melhore a qualidade da vida neste planeta deixa de acontecer, é provável que seja porque tenha nos faltado a vontade de agir corretamente.

Quando alguém nos diz, "Tome uma atitude!" ou "Você precisa tomar uma atitude com essa criança", sabemos que estamos sendo chamados a agir. Mas agir como? O que precisamos fazer nessa hora? Que atitude precisamos tomar?

Como somos todos agentes de um "fazer acontecer" que depende de atitudes conscientes e qualificadas, *O Livro das Atitudes* foi escrito para demonstrar que é possível entrar em sintonia com várias possibilidades de ação e fazer acontecer o que é necessário, de maneira clara e consciente.

Tomar uma atitude consciente é mesmo uma grande revolução e até a própria palavra "atitude" hoje se reveste de novos significados. Atitude é identidade, comportamento, moda, experiência, conhecimento, tendência, transformação, capacidade de encontrar o próprio lugar no mundo e, por isso mesmo, vital para as dinâmicas do nosso dia-a-dia. E o mais importante em tudo isso é perceber que a mudança de atitude começa interiormente, depois que a mente e o coração assimilaram o que precisa ser feito. Só assim seremos capazes de mudar os aspectos externos de nossa vida que precisam ser mudados, em sintonia com a nossa Essência Divina.

O *Livro das Atitudes II* dá continuidade à proposta do primeiro livro e convida todos os leitores a ampliarem as possibilidades de agir e de escolher, conscientemente, que atitude tomar. E é bom frisar que a qualidade da nossa consciência quando tomamos uma atitude é o que determina o campo vibratório e sensível em que iremos atuar e viver a plenitude de sermos, simultaneamente, humanos e divinos.

COMO USAR O LIVRO DAS ATITUDES

Assim como o *Livro das Atitudes*, o propósito do *Livro das Atitudes II* é levar você a valorizar a sintonia com a sua Alma na hora de tomar atitudes. Não adianta agir sem antes criar uma conexão com a sabedoria e o amor da Alma, no centro do coração. O mundo precisa de ações amorosas e inteligentes, baseadas numa visão ampla e no desejo de servir não só a humanidade, mas todos os seres sencientes.

O Livro das Atitudes II interage com você e cria elos conscientes entre você e todos os que vão se beneficiar com suas atitudes. Além disso, ele pode servir como uma bússola, que lhe aponta a direção a tomar no momento, em resposta a uma indagação sincera, feita num instante de quietude. Use-o sempre que precisar de um amigo para ajudá-lo a descobrir que atitude tomar, numa determinada situação da sua vida.

Antes de consultar *O Livro das Atitudes,* leve em consideração os importantes pontos a seguir:

- É a sintonia consciente que você cria com a sua própria Essência Interior que atrai e manifesta as sincronicidades da sua vida. É ela que irá inspirá-lo a entrar em contato com a página certa.

- Faça um instante de silêncio para entrar em sintonia com a sua Essência Interior e ter, assim, uma visão mais ampla da questão relacionada à sua pergunta. Essa Essência é a sua verdadeira realidade, que neste livro estamos chamando de "Alma".

- Visualize, anote ou descreva em voz alta a pergunta ou situação que você quer enfocar e para a qual quer obter clareza quanto à atitude a ser tomada. Abra o seu coração e a sua mente para recebê-la.

- Ao abrir este livro, você encontrará, na página à direita, uma reflexão sobre a atitude com a qual acaba de se sincronizar e uma graciosa ilustração que poderá inspirá-lo com imagens e associações significativas para você, nesse instante. Virando a página, você encontrará algumas sugestões para colocar em prática essa atitude em sua vida. Deixamos um espaço em branco para que você possa acrescentar as suas próprias sugestões.

Agora, com *O Livro das Atitudes II*, você poderá se conscientizar de mais 64 novas maneiras de criar sintonia na hora de tomar atitudes, que vão qualificar a sua vida e atrair os melhores resultados.

Este livro também pode ser usado para inspirar atitudes conscientes em pessoas que trabalham em grupo e compartilham um mesmo propósito e processo de desenvolvimento.

Que você possa ter lindos momentos de sintonia e que as suas atitudes conscientes transformem e curem a sua vida.

O Livro das Atitudes II

Não tome uma atitude

Há momentos em que não fazer nada é a melhor opção. Aquiete-se, respire, conecte-se com a sua Essência Interior e aguarde serena e atentamente o momento de agir. Quando sentir que esse momento chegou, você pode consultar novamente este livro ou seguir a sua bem-aventurança, segundo a orientação recebida.

Tome uma atitude PONTUAL

Muitas vezes, é preciso ficar em paz com o tempo do relógio e perceber cada ponto importante que o tempo da Alma marca em nossa jornada pela Terra. Ao tomarmos uma atitude pontual, estaremos sincronizando as nossas necessidades individuais com o ritmo de um tempo que pertence ao coletivo. Esse tempo é impessoal e relaciona-se a ocasiões como a reunião de pessoas numa data importante; a partida de um trem, avião ou ônibus; ou quando somos esperados em algum lugar. Fazer da pontualidade uma marca da nossa presença no mundo indica o respeito e o amor que temos pelo próximo e por nós mesmos.

Sugestões práticas para uma atitude Pontual:

- Seja pontual e não perca boas oportunidades de estar na hora e no lugar certos.

- Acerte o seu relógio, mas não se deixe limitar no tempo.

- O relógio não marca o tempo eterno, mas nos lembra de que ele passa eternamente.

- A pontualidade e a civilidade andam juntas.

Tome uma atitude DIFERENCIADA

Se está na hora de tomarmos uma atitude diferenciada é porque, por alguma razão, a nossa Alma quer nos dizer que precisamos olhar para a vida de uma nova perspectiva; precisamos vê-la com novos olhos e livres de condicionamentos e crenças obsoletas. Observar um problema de uma certa distância e romper um padrão repetitivo que só produz ações e respostas automáticas são estratégias muito úteis na hora de tomar uma atitude diferenciada. É muito importante que nos sintamos "diferentes" e distanciados do que nos aprisiona ou impede a nossa capacidade de sermos felizes.

Sugestões práticas para uma atitude Diferenciada:

- Respeite e promova a expressão do que é diferente.

- Favoreça a criação de uma cultura onde as diferenças fazem toda diferença.

- Faça algo hoje inteiramente diferente do usual.

- Diferencie-se pelo bom caráter.

Tome uma atitude ORIGINAL

Tudo o que é original nasce livre de condicionamentos passados e de apegos a idéias preexistentes. Há sempre um novo começo, uma primeira percepção, uma condição que ainda não conhecemos e que pode estar pedindo passagem em nossa mente e coração. Para tomar uma atitude original é preciso que queiramos nos elevar acima dos patamares já conhecidos e não temer o novo nem o que ainda não foi experimentado. Se decidimos ser originais é porque estamos dispostos a surpreender o mundo com algo que ninguém jamais pensou ou fez antes.

Sugestões práticas para uma atitude Original:

- Siga a sua bem-aventurança e assuma a responsabilidade pelos resultados.

- Não deixe de fazer o que acha certo e original por medo do que os outros possam pensar.

- Goste do que você é e do que você tem agora.

- Seja original economizando e reciclando as dádivas da Mãe Terra.

Tome uma atitude ENFOCADA

Há momentos na vida em que precisamos convergir toda a nossa atenção para um único ponto. Na atitude enfocada, nossa atenção funciona como se fosse uma lente que concentra em si a luz da Alma, até que esta ilumine todos os ângulos de uma questão importante. É como se tudo se fortalecesse em torno de um único centro e, a partir daí, se distribuísse para fortalecer o que for necessário. Se estamos sendo chamados para tomar uma atitude enfocada é porque chegou o momento de deixarmos de lado distrações inúteis e demonstrar maturidade e capacidade ao fazer algo muito bem-feito.

Sugestões práticas para uma atitude Enfocada:

- Concentre toda a sua atenção na tarefa que tem diante de si. Não adie para depois o que é prioritário na sua vida.

- Leve para um mesmo centro de amor e atenção toda a energia física, emocional e mental de que você precisa neste exato momento.

- A mente enfocada é como uma tocha cujo fogo arde fácil e mostra o caminho na escuridão.

- Economize energia vital, enfocando-se nas questões mais essenciais da sua vida.

Tome uma atitude AFETUOSA

O sentimento caloroso e sincero compartilhado quando tomamos uma atitude afetuosa tranqüiliza a mente e dá conforto ao corpo, que pode estar carente de toques ou de valorização. Quando somos afetuosos em nossos abraços, gestos e palavras influenciamos o nosso modo de pensar para que ele se torne permeável a idéias que suavizam o momento e atraem o melhor da vida. A atitude afetuosa nos convida a relaxar diante de crenças rígidas ou da tendência de buscar razões conhecidas para o que ainda desconhecemos. Ao agir de modo afetuoso aumentamos a vitalidade do nosso coração para que possamos amar ainda mais.

Sugestões práticas para uma atitude Afetuosa:

- Irradie sua luz interior sendo uma pessoa naturalmente afetuosa.

- Considere que o seu afeto é o que há de mais efetivo para quebrar o gelo de uma comunicação interrompida.

- Sempre que abraçar, faça isso com todo o seu afeto.

- Deixe-se afetar pelo afeto que emana de você e volta multiplicado.

Tome uma atitude TRANSCENDENTE

No mundo em que vivemos, estamos sempre vulneráveis aos pares de opostos no jogo da dualidade. Mesmo quando não percebemos, esse jogo é estressante e enganador. Ou é isso ou aquilo, certo ou errado, bem ou mal... Quando tomamos uma atitude transcendente é porque queremos atravessar o abismo desse jogo ilusório e perceber a realidade como ela é. Para tanto, precisamos agir livres da pressão de um eu que vê a vida fragmentada em muitas partes isoladas. O que fazer? Encontrar um ponto silencioso na consciência e perceber que TUDO à nossa volta é o EU SOU de Deus.

Sugestões práticas para uma atitude Transcendente:

- Não pense que é você quem pensa. É Deus Quem pensa por intermédio de você.

- Deus é o Pensador Original e Único e você é um pensamento Dele.

- Estressado? O que o separa de sua Unidade Perfeita? Imagine-se dando um imenso salto sobre um abismo e olhando-o de cima, como um pássaro em pleno vôo.

- Para transcender é preciso aceitar tudo exatamente como é, neste exato momento, a começar pelo jogo da dualidade. A aceitação dinâmica é a chave.

Tome uma atitude RECONCILIATÓRIA

Quando nos vemos numa situação em que é preciso restabelecer o entendimento e transformar a concórdia numa realidade consistente, está na hora de tomar uma atitude reconciliatória. A atitude reconciliatória leva à aceitação harmoniosa das diferenças, que ajudam a enriquecer e tornar ainda mais bonita a diversidade de visões e a riqueza de possibilidades que acabam apontando na direção de uma mesma essência: a de que somos uma única humanidade, vivendo numa mesma casa e partilhando de uma única fonte nutriz de todas as nossas necessidades.

Sugestões práticas para uma atitude Reconciliatória:

- Tome a iniciativa de restabelecer um elo de amizade perdido no tempo ou que precise de um perdão. Se não conseguir fazer isso sozinho, peça ajuda.

- Reconciliar pensamentos, sentimentos e ações dentro de si mesmo é um excelente exercício inicial de meditação.

- Responda ao chamado da Alma, reconcilie-se consigo mesmo e encontre aliados no seu caminho.

- Faça afirmações positivas e seja consistente ao transformá-las em ações que promovam o entendimento entre as pessoas.

Tome uma atitude CONFIANTE

Para tomar uma atitude confiante precisamos ter fé na nossa capacidade de expressar a verdade do que somos. Essa atitude não depende de nada que seja externo a nós mesmos, nem do que os outros pensam a nosso respeito. O contato com a Alma no centro do nosso coração é a fonte mais potente de energia que nos propicia todas as qualidades de que precisamos para agir no mundo. Quem age com confiança sabe que já traz dentro de si o tesouro da fé que remove as montanhas da dúvida e do desânimo. Se formos verdadeiros com relação ao propósito da nossa vida, agir com confiança será algo muito natural.

Sugestões práticas para uma atitude Confiante:

- Confie que existe espaço dentro e fora de você para realizar todos os seus sonhos.

- Confie na sua capacidade de ser o melhor que pode ser agora.

- Abra campos em sua consciência para semear idéias positivas e criativas.

- Entregue-se ao deleite de confiar no Amor de Deus por você.

Tome uma atitude TRANSFORMADORA

A atitude transformadora resulta em mudanças radicais no modo como pensamos, sentimos e nos comportamos. E isso só acontece de verdade porque mudamos a nossa própria maneira de ver a vida. Externamente, pode até ser que as coisas permaneçam como estão, mas a atitude transformadora faz com que alteremos completamente as nossas premissas essenciais sobre a própria natureza da "Realidade". Um exemplo vivo de consciência transformada é reconhecermos as limitações de um estilo de vida que valoriza o ganho exclusivamente material, em detrimento do bem moral e espiritual de todos os seres sencientes.

Sugestões práticas para uma atitude Transformadora:

- Propicie sua própria metamorfose mudando radicalmente os comportamentos que não favoreçam a sua evolução espiritual.

- Uma pessoa transformada não se isola do resto do mundo, ela se une com todo o Cosmos.

- A Vida que transforma o pó das estrelas em gente, também transforma egos em sábios.

- Se estiver no rumo errado, dê uma volta de 180 graus.

Tome uma atitude EDUCATIVA

Quando tomamos uma atitude educativa, queremos que a sabedoria da Alma se manifeste de dentro para fora em cada ser, fazendo com que a criança, o jovem e o adulto se reconheçam na aprendizagem que está sendo feita. Somente a Alma em cada ser pode nutri-lo com idéias que servem para ensinar sobre a realidade e a verdade ocultas em cada aparência, conceito e forma. A atitude educativa nos transforma em mestres e discípulos uns dos outros e participantes da grande sala de aula da vida; juntos cumprimos a missão impessoal de aprender continuamente para servirmos uns aos outros.

Sugestões práticas para uma atitude Educativa:

- Seja um mestre na arte de educar-se, aprendendo algo novo a cada dia.

- Liberte-se da vaidade intelectual. A sabedoria não é uma virtude exclusiva do intelecto.

- Promova a educação nos mínimos detalhes da vida. Quem educa se educa.

- Participe de projetos educacionais em sua comunidade local e apóie a expansão global da consciência humana.

Tome uma atitude HABILIDOSA

Há momentos em que precisamos pôr em prática tudo o que sabemos sobre um determinado assunto. E se isso acontece é porque está na hora de tomar uma atitude habilidosa. Diante do desafio inesperado de uma criança birrenta, um adolescente impertinente, um idoso teimoso ou um bichinho exigente, a atitude habilidosa mostra que somos capazes de liderar e de lidar com a situação de modo inteligente, preciso e com a maior facilidade. Somos hábeis quando expressamos os nossos melhores talentos e qualidades para libertar o amor e a inteligência que cada ser traz dentro de si.

Sugestões práticas para uma atitude Habilidosa:

- Confie no que você sabe fazer e faça muito bem-feito.

- Você é uma pessoa talentosa e inteligente. É por isso que a vida pede para você liderar sem medo.

- Use suas habilidades inatas para criar algo belo, útil e que eleva a qualidade de vida de todos no ambiente à sua volta.

- Tudo que você faz com suas melhores habilidades acaba revelando o melhor das pessoas e das situações à sua volta.

Tome uma atitude FACILITADORA

Para tomar uma atitude facilitadora é preciso acreditar que tudo se torna fácil quando pensamos positiva e criativamente. Essa facilitação se torna algo palpável quando damos passagem à sabedoria e ao amor que vêm da Alma, sem querer possuí-los ou tomá-los como créditos pessoais. Todo facilitador é alguém que deixa fluir, sem se apegar a esse fluxo, mas se deixando nutrir pela própria vida que se doa abundantemente a todos. Tudo se torna extremamente fácil quando agimos conectados com as qualidades perenes da Alma.

Sugestões práticas para uma atitude Facilitadora:

- Seja cortês e acessível em todas as suas interações. Isso facilita qualquer comunicação, em qualquer nível de consciência.

- Livre-se da crença no difícil e veja como tudo fica fácil.

- Facilitação e aprendizagem são sinônimos de amor e sabedoria.

- Facilite sua própria vida cultivando o bom humor.

Tome uma atitude LEAL

Quem age motivado pela lealdade certamente tem a capacidade de ser honesto consigo mesmo. A atitude leal pede que sejamos como um discípulo que encontrou o mestre dentro de si ou está diante do seu grande amor e decidiu que a busca chegou ao fim. Agora é só praticar e vivenciar plenamente o significado de um voto de lealdade que se faz a si mesmo: o de consagrar a sua atenção às aprendizagens e às revelações que esse grande amor ou mestre podem trazer. A fidelidade ao processo e a ausência de hipocrisia permitem que tudo siga o melhor curso.

Sugestões práticas para uma atitude Leal:

- Seja leal como um cão e melhore a sua condição humana.

- Honre seus compromissos com as pessoas mais importantes da sua vida.

- Seja leal aos princípios que norteiam o bom caráter.

- Cultive a lealdade que elimina a hipocrisia.

Tome uma atitude SILENCIOSA

Para tomar uma atitude silenciosa é preciso que estejamos dispostos a calar o burburinho mental. Para que isso aconteça, precisamos fazer coisas concretas que comprovem essa decisão e estabelecer momentos nos quais voluntariamente nos conectamos com o silêncio, seja para meditar, seja para refletir sobre algo relevante ou escutar a voz da Alma na quietude do coração. O mundo agitado em que vivemos muito se beneficia com o nosso silêncio, principalmente quando sabemos que as palavras criam a nossa realidade e precisamos escutar a orientação preciosa que vem da Alma.

Sugestões práticas para uma atitude Silenciosa:

- Colabore com a melhoria da poluição sonora, falando baixo e baixando o som.

- Pratique meditação regularmente.

- Visite um templo, um santuário da Natureza ou qualquer lugar onde se pode ouvir o silêncio.

- Valorize o silêncio falando apenas o que é amorosamente útil e necessário.

Tome uma atitude ECONÔMICA

A atitude econômica nos desperta para o fato de que precisamos mudar radicalmente a nossa maneira de usar os recursos planetários. Tudo o que criamos concretamente depende de alguma matéria-prima encontrada na Natureza. Tomar uma atitude econômica significa o mesmo que evitar danos maiores à delicada teia da vida que nos supre de tudo de que necessitamos. Se a Natureza nos dá a permissão para usar livremente todas as suas dádivas, agir de modo a poupá-la de grandes impactos é a retribuição mais inteligente e amorosa que podemos dar. Isso certamente se refletirá em todas as outras formas de poupar e distribuir o bem comum.

Sugestões práticas para uma atitude Econômica:

- Poupe energia em todas as suas manifestações: dinheiro, água, eletricidade, petróleo, etc.

- Economize mais para poder distribuir melhor para quem precisa.

- Quem poupa colhe bons frutos no tempo certo.

- Observe a Natureza e aprenda a cooperar para que todos ganhem.

Tome uma atitude ESPERANÇOSA

Para tomar uma atitude esperançosa precisamos estar confiantes na espera, seja por um instante, seja pelo tempo justo e necessário. A esperança é um sentimento que nos revitaliza e nos deixa como uma mulher que engravida e sabe que um embrião já está crescendo dentro dela. Às vezes, ainda não é possível ver nem antecipar o que esperamos com ardor e paciência, mas a atitude esperançosa nos brinda com uma energia abundante que vivifica a nossa espera e traz prosperidade. E como já diz a sabedoria perene: Quem sabe esperar, sempre alcança, no tempo certo, o que lhe é de direito.

Sugestões práticas para uma atitude Esperançosa:

- Espere um pouco mais. Nem tudo vem no tempo que imaginamos.

- Tenha esperança, mas tempere-a com inventividade.

- Os seres humanos passam, mas a esperança é imortal.

- Liberte-se de expectativas aprisionantes.

Tome uma atitude CAÓRDICA

Os cientistas que propuseram a teoria do caos dizem que é preciso estudar os sistemas que organizam nossa vida e vê-los como entidades complexas, autocatalíticas, auto-organizadas, não-lineares e adaptativas. A atitude caórdica considera que a nossa consciência é totalmente afetada por isso. Participamos de um jogo no qual ordem e caos se relacionam, criam padrões, organizam-se e fazem adaptações, para que haja aprendizagem, mutação e a continuidade da própria vida. A atitude caórdica nos convida a relacionar o caos e a ordem impermanentes do nosso cotidiano, de modo a criar realidades dinâmicas, flexíveis e muito criativas.

Sugestões práticas para uma atitude Caórdica:

- Procure não impor uma ordem preestabelecida a algo novo e desconhecido.

- Seja inteligentemente adaptável nas reuniões realizadas para se tomar decisões. Todo grupo decisório é caórdico.

- Não tema o caos antes de começar qualquer atividade grupal. A ordem rígida e imposta pode ser chata e limitante.

- Caos não é desordem; é a matéria-prima de potencialidades que ainda não tomaram forma e ordem.

A palavra "caórdica" foi criada por Dee Hock, ex-presidente da Visa, e está no título do livro A *Era Caórdica*, publicado pela Editora Cultrix.

Tome uma atitude SAGRADA

A atitude sagrada se traduz em toda ação realizada com um espírito consagrado a fazer o bem e a servir a todos os envolvidos. O nosso fazer acontecer se torna sagrado quando leva em conta a existência de uma essência divina em todos os seres criados. Todo trabalho feito com essa consciência é um sacramento destinado a unir as essências do céu e da Terra. Os ritos do dia-a-dia, desde a arrumação da casa até as operações industriais e as tarefas realizadas no computador, trazem o potencial de se tornarem sagrados quando nos lembramos de nos conectar com a energia divina que a tudo permeia.

Sugestões práticas para uma atitude Sagrada:

- Proteja os dons preciosos e sagrados da vida, respeitando e agradecendo a todos os seres vivos que nos ofereceram o próprio corpo como alimento.

- Encontre um lugar de paz (dentro ou fora de você) para ser o seu ponto sagrado de encontro consigo mesmo.

- Descubra a ordem sagrada de cada coisa que você faz e veja como tudo flui, sem empecilhos.

- Ore, medite, contemple, faça exercícios que promovam a sua saúde espiritual.

Tome uma atitude EMPÁTICA

Como o oceano que contém e sustenta o movimento constante das ondas, a atitude empática se apóia na Alma que contém em si todos os sentimentos que somos capazes de sentir. Ao tomarmos uma atitude empática irradiaremos a qualidade de quem está silenciosa e amorosamente presente ao lado de alguém, partilhando um só sentir, sem projeções nem interferências no fluxo de como as coisas acontecem. Somente a nossa Alma terapeuta sabe ser perfeitamente empática; precisamos nos unir a ela, para agir com empatia em relação ao movimento constante dos sentimentos da nossa humanidade comum.

Sugestões práticas para uma atitude Empática:

- Seja um voluntário sempre a serviço de uma boa causa.

- Liberte os seus melhores sentimentos diante de uma pessoa desafiadora.

- Esteja aberto a aprendizagens que o coloquem no lugar de outro, de modo a compreendê-lo melhor.

- Esteja disposto a mudar de ponto de vista quando isso significar a libertação de crenças limitantes.

Tome uma atitude REVOLUCIONÁRIA

Se estamos diante da necessidade de tomar uma atitude revolucionária é porque algo precisa mudar completa e fundamentalmente em nossa vida. Seja num nível pessoal, profissional, ou no ambiente onde vivemos, regras, crenças e valores estabelecidos já não servem mais para orientar e apoiar a visão mais ampla da nossa consciência, que se iluminou e se expandiu. Se atuamos no mundo com a consciência de uma atitude revolucionária é porque queremos nos transformar diante de situações que não se sustentam mais, ou terminar um ciclo para começar tudo de novo, sobre bases inteiramente novas.

Sugestões práticas para uma atitude Revolucionária:

- Assim como as estrelas giram e mudam tudo, esteja sempre pronto para reviravoltas revolucionárias em sua vida.

- Faça uma viagem para um país desconhecido e distante, conheça povos e culturas diferentes e revolucione seus hábitos e sua visão de mundo.

- Faça uma revolução doméstica, sem sair do seu bairro, e demonstre com exemplos vivos que você mudou para melhor, revolucionando-se interiormente.

- A maior revolução pela qual a humanidade pode passar é o desaparecimento da ignorância. Veja como você pode colaborar com isso.

Tome uma atitude PRÁTICA

Se alguém demonstra experiência é porque se dedicou a praticar alguma coisa. Ao tomarmos uma atitude prática, demonstramos a nossa disposição para nos aprofundar no conhecimento das coisas, para encontrar soluções que funcionem e que sejam simples de entender e aplicar. A atitude prática nos faz resolver o problema, caminhando lado a lado com ele, sem desprezar as teorias, mas evitando conceitos e explicações muito difíceis e que só compliquem na hora de agir. Na hora de tomar uma atitude prática somos meio artistas e meio cientistas, em busca da perfeição.

Sugestões práticas para uma atitude Prática:

- Esteja sempre pronto para a ação, mesmo na hora de não agir.

- Procure a ocupação certa. Ninguém faz bem o que não gosta de fazer.

- Pratique o bem sem olhar a quem.

- A prática é amiga da perfeição.

Tome uma atitude MOBILIZADORA

A única coisa estática neste mundo é o pensamento da existência de um eu separado. À nossa volta não há nada que seja fixo, nem que esteja desconectado de tudo que vibra e vive. Tudo se move e responde ao movimento da Vida que, ao fluir, traz consigo a capacidade de mudar tudo instantânea e radicalmente. Para tomar uma atitude mobilizadora precisamos nos libertar da idéia ilusória de que existe algo que seja estático nesta vida e fluir com as correntes da mutação. Ao reconhecermos que somos a expressão dinâmica de um universo energético, nós nos damos conta de que o nosso potencial é ilimitado.

Sugestões práticas para uma atitude Mobilizadora:

- Seja a própria mudança que você quer ver no mundo.

- Revitalize-se com idéias e alimentos saudáveis e energéticos.

- Estimule sua capacidade de mudar e mude algo de lugar em sua casa ou no trabalho.

- Participe da mobilização de grupos próativos e pragmáticos dedicados a fazer o bem.

Tome uma atitude EXPANSIVA

A expansão da consciência é a realização mais importante para toda a humanidade, neste momento de nossa evolução. Se tomamos uma atitude expansiva é porque queremos expandir a nossa consciência para percebermos a totalidade das questões e dos assuntos que nos dizem respeito e nos afetam. Nenhum problema pode ser resolvido no mesmo nível em que foi criado, e é preciso expandir a nossa percepção para vê-lo numa perspectiva inteiramente nova e livre de modelos mentais limitantes. A atitude expansiva nos faz progredir e abraçar com desenvoltura todas as possibilidades ao nosso alcance.

Sugestões práticas para uma atitude Expansiva:

- Opte pela companhia de pessoas, livros e idéias que colaborem com a expansão de sua consciência.

- Amplie seus horizontes culturais, prestigiando a arte, o teatro e a poesia.

- Quando estiver difícil entender alguém ou alguma coisa, expanda sua perspectiva, amplie o seu olhar.

- Faça coisas que podem lhe dar desenvoltura: dance, pinte, cante, escreva, faça o que expande o seu contato com a Alma.

Tome uma atitude FIEL

Para tomar uma atitude fiel precisamos ser pessoas de fé. E o primeiro ato de fé é o de confiar em nosso potencial divino e senti-lo como o bem mais sagrado que nos foi confiado. Por sermos impulsionados por esse potencial, confiaremos em nossas capacidades, seremos leais em nossas palavras e cumpriremos todo e qualquer compromisso assumido. Fazer menos que isso seria o mesmo que trair a nós mesmos e privarmo-nos do privilégio de sermos inteiramente livres.

Sugestões práticas para uma atitude Fiel:

- Vacine-se contra a falsidade sendo uma pessoa de fé.
- Fale a verdade que liberta.
- A crença passa, a fé permanece.
- O coração fiel está livre da ilusão.

Tome uma atitude ELETRIZANTE

Vivemos em campos de energia e somos energia pura. Tomar uma atitude eletrizante é nos deixarmos vivificar por essa energia e expressá-la em atos intencionais que transmitem e distribuem essa mesma energia para tudo que tocamos. Somos transmissores de vida e, se tocarmos com qualidade de consciência tudo que fazemos e realizamos, nada ficará desvitalizado nem desconectado da Fonte Única de Vida Abundante que nutre a todos nós. A eletricidade que passa pelo nosso corpo deve acender a luz do Amor em nossa mente e em nosso coração.

Sugestões práticas para uma atitude Eletrizante:

- Transmita vida ao pudim que você faz, ao lenço branco em suas mãos.

- Transmita vida à planta que você rega, ao toque em seu bichinho de estimação.

- Transmita vida ao carinho que você faz no ser amado.

- Transmita vida ao inspirar e expirar o alento energizante.

Tome uma atitude EXPEDITA

Uma firme decisão se faz necessária na hora de tomar uma atitude expedita. Desembaraçar qualquer questão, criando sintonia com a nossa Alma no centro do coração, favorecerá a clareza sobre o caminho a ser tomado e o deixará desimpedido. A determinação em agir de imediato, sem se deixar deter por dúvidas, é o poder impulsionador que tira da inércia qualquer pendência. Uma mente resoluta é a melhor aliada de um coração firme em seu amor e inteligente em sua ação. Agir de modo expedito é ser diligente de modo a afastar os perigos da procrastinação.

Sugestões práticas para uma atitude Expedita:

- Não adie a sua decisão de fazer agora o que prometeu fazer.

- Uma pessoa resoluta economiza tempo e energia e faz bem à saúde do meio ambiente.

- Resolva com a mente e aja com o coração.

- Determine que saia definitivamente de sua vida tudo o que o afasta de seu propósito.

Tome uma atitude DESINTOXICANTE

Primeiro é preciso perguntar o que poderia estar nos envenenando neste momento. O ar que respiramos? A água que bebemos? Os alimentos que ingerimos? Os pensamentos e ações negativos que causam impacto idêntico em nossa vida? Se soubermos e quisermos responder já estaremos tomando uma atitude desintoxicante e dando os primeiros passos para a cura. O antídoto para tudo isso se encontra dentro de nós mesmos, bastando apenas que ouçamos de maneira atenta e ritmada o amor e a sabedoria da Alma. Ela atrairá tudo o que precisamos saber para nos desintoxicarmos, em perfeita sincronia com as nossas necessidades.

Sugestões práticas para uma atitude Desintoxicante:

- Fique atento a tudo que entra e sai de sua boca.

- Assuma um compromisso consigo mesmo de mudar hábitos tóxicos.

- Se estiver "intoxicado de si mesmo", peça ajuda a um profissional qualificado.

- Apóie tudo o que ajuda na limpeza pública e planetária.

Tome uma atitude COMEMORATIVA

Tudo é festa quando tomamos uma atitude comemorativa. Celebramos porque estamos felizes e queremos agradecer e louvar à Essência divina que nos anima e a tudo o que temos e tocamos com nosso corpo, mente e coração. Comemoramos porque tivemos uma boa colheita de significados e dádivas, resultantes do nosso cuidado amoroso e da atenção que demos às dicas que a vida nos concede, a todo instante. O ato de celebrar nos conecta com o lado leve e positivo da vida. Quando agimos assim, há sempre o que festejar e agradecer, a começar pela vida que nos anima e pelo ar que respiramos.

Sugestões práticas para uma atitude Comemorativa:

- Dê uma festa para celebrar algo que é muito importante para você.

- Lembre-se de datas e festivais que ajudam a criar o entendimento entre as pessoas.

- Celebre o simples e o trivial, sem grandes pompas.

- Celebre-se a si mesmo! (como diz o poeta americano Walt Whitman no primeiro verso do poema "Song for Myself": "*I celebrate myself...*")

Tome uma atitude ESTÁVEL

Quando se faz necessária a criação de bases sólidas para expressar ou apoiar uma idéia nova, é porque está na hora de tomar uma atitude estável. É preciso também que o nosso caráter seja firme e esteja apoiado em valores que nos tornem fortes e resolutos, porém serenos e constantes em nossas escolhas e decisões. Quando a Alma é o maestro a orquestrar as nossas melhores intenções e planos, podemos ter a certeza de que o apoio sincrônico irá se manifestar. O que quer que venha de várias direções irá nos encontrar firmes e estáveis para receber as dádivas oferecidas.

Sugestões práticas para uma atitude Estável:

- Mantenha-se firme e mantenha o curso de suas melhores intenções.

- Apóie-se em valores perenes e confie no Bem Maior.

- Seja firme e direto, mas sem perder a ternura.

- A firmeza de uma resolução atrai os bons resultados.

Tome uma atitude ÍNTEGRA

A Alma em nosso âmago se expressa a partir de totalidades, sempre considerando o todo de uma questão e nos inspirando a integridade que a identifica, em todas as nossas interações com as outras pessoas e com a vida em geral. Quando tomamos uma atitude íntegra não exageramos nem excluímos nada do que somos, pois sabemos que a energia do Espírito existe como uma realidade quântica, sempre disponível para nos potencializar e revelar a nossa inteireza. Qualquer possibilidade, forma ou expressão se torna possível quando agimos impulsionados por uma atitude íntegra.

Sugestões práticas para uma atitude Íntegra:

- Aprenda a olhar para a vida considerando as totalidades que a compõem.

- Confie em suas potencialidades anímicas e expresse-as sem restrições.

- Apóie-se em sua integridade para se libertar dos apegos.

- Promova uma cultura que dá apoio a tudo que é saudável e integral.

Tome uma atitude ACESSÍVEL

Agir de modo que as pessoas possam se aproximar de nós com facilidade e tranqüilidade é pôr em prática a nossa capacidade de sermos acessíveis. Essa acessibilidade é o maior presente que podemos dar a quem precisa do nosso apoio e altruísmo imediatos. Quando alguém vem ao nosso encontro com uma necessidade verdadeira, a nossa disposição para acolher essa pessoa e partilhar com ela os nossos recursos faz uma grande diferença no mundo em que vivemos hoje. Quando somos acessíveis, vivificamos a presença da Alma em nós.

Sugestões práticas para uma atitude Acessível:

- Torne-se acessível ao bem que você quer para a sua vida.

- Encontre em sua consciência os caminhos que dão acesso à sabedoria e ao amor da Alma.

- Acesse a rede de servidores do mundo que apóiam a sua evolução.

- Aprofunde os laços de intimidade com os seres que você ama.

Tome uma atitude DISCRETA

Se tomamos uma atitude discreta é porque já sabemos a diferença entre o que é necessário e o que não é. Essa atitude, que combina prudência e discrição, nos confere uma leveza especial em qualquer situação da vida. O discernimento inspirado pela Alma é o que imprime a qualidade perfeita ao nosso tom de voz e nos faz escolher a indumentária adequada para todas as interações humanas. Quando agimos motivados por uma atitude discreta, entramos em sintonia com os desígnios da paz.

Sugestões práticas para uma atitude Discreta:

- Seja lembrado e valorizado pela sua discrição.

- Enriqueça sua vida com atos de discernimento.

- Seja prudente ao falar e ao escutar.

- Cultive a elegância inerente aos gestos de bondade.

Tome uma atitude OBJETIVA

A coisa mais óbvia que podemos fazer é perceber que só existe este momento, aqui e agora, para tomar uma atitude objetiva. Ser objetivo é não deixar nada para um futuro que ainda não existe. Neste exato momento, podemos agir sem preconceitos e estabelecer uma meta possível e viável. O que realmente podemos fazer? De que recursos dispomos? Com quem podemos contar para fazer acontecer o necessário e talvez ir além? Enquanto respondemos a essas perguntas, também precisamos agir e avançar rumo aos objetivos que determinamos.

Sugestões práticas para uma atitude Objetiva:

- *"Envolva-se com o que Deus está fazendo, porque já está abençoado."* (Bono, líder da banda U2).

- O "agora" é o que você é e onde você está.

- Seja objetivo e evite rodeios na hora de se comunicar.

- Não espere satisfação absoluta de coisas relativas.

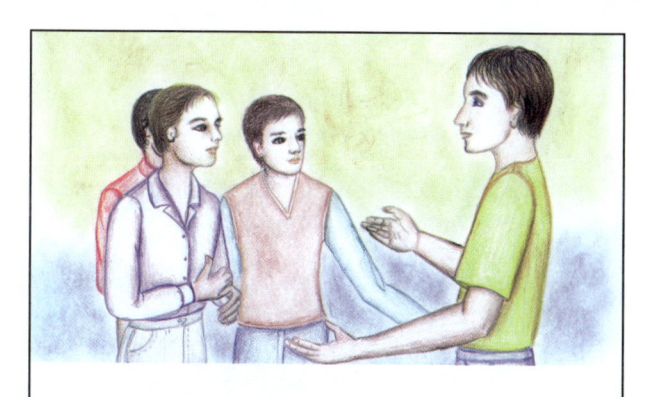

Tome uma atitude COMUNICATIVA

Para tomar uma atitude comunicativa precisamos primeiro nos conectar com a energia luminosa que existe em cada ser. Essa energia é o que partilhamos com todos os outros seres e dela vem todo o apoio para que qualquer "mensagem" seja corretamente comunicada e compreendida. Todos os sentidos se abrem para um objetivo comum e olhamos na mesma direção para ver o que precisa ser compartilhado, compreendido e irradiado. Quando a comunicação é clara, o pensar, o sentir e o agir convergem harmoniosamente e não surgem obstáculos ao que precisa ser conhecido por todos.

Sugestões práticas para uma atitude Comunicativa:

- Comunique-se com a sua Alma antes de iniciar qualquer comunicação.

- Crie sempre um instante de sintonia antes de começar qualquer atividade em grupo.

- Cuide de sua dicção e use bem o poder da palavra.

- Aprenda sempre novas linguagens e meios de se comunicar com a vida.

Tome uma atitude ÉTICA

Para tomar uma atitude ética precisamos estar livres de normas fundamentadas no medo e agir impulsionados pelo amor. O nosso caráter deve ser a expressão de quem superou a ilusão da separatividade. Se o nosso ser está inexoravelmente unido ao ser de tudo e se, juntos, formamos uma só Vida, sabemos que nossos pensamentos, sentimentos e atos nos afetam mutuamente. O que é correto, justo e bom para um deve servir de base para todos. O ato supremo de uma atitude ética é o que surge na consciência de quem transcendeu o ego e percebeu a sua total interconexão com tudo o que existe.

Sugestões práticas para uma atitude Ética:

- Encontre maneiras de trabalhar pela superação da ignorância e do sofrimento no mundo.

- Não se deixe aprisionar pelas artimanhas do ego.

- Sirva a uma ética fundamentada nas Leis do Amor.

- Transforme o mundo para melhor, transformando a si mesmo.

Tome uma atitude PERTINENTE

"Qual o sentido da vida?" "Para onde eu vou quando morrer?" Quando essas perguntas surgem em nossa mente é porque estamos buscando significados mais profundos para a vida. A atitude pertinente nos ajuda a descobrir a relevância de cada pequeno ato, sentimento e pensamento e nos desperta para o fato de que pertencemos a um Universo de infinitas possibilidades e descobertas em abundância. É essa certeza que pode nos ajudar a ver o significado do todo que nos circunda e o propósito da nossa Alma. Pertencemos a um Universo que nos ama e nos aceita assim como somos.

Sugestões práticas para uma atitude Pertinente:

- Atente para tudo que tem a ver com o que você é, de verdade. Solte o que não tem a ver com você.

- Perceba a relevância de sua presença no mundo. Se você está aqui é porque é necessário.

- Ver a realidade assim como ela é o liberta para viver no mundo assim como você é.

- Não alimente ilusões.

Tome uma atitude MEMORÁVEL

Existe a memória do intelecto e a do coração. Tudo o que é valioso para nós fica guardado na memória do coração. Tomar uma atitude memorável é lembrar de tudo de bom e belo que está guardado no coração e semear gestos de amor e bondade, que jamais serão esquecidos. Quando lembramos com essa memória cardíaca, o tempo deixa de ser algo linear e fixo e passamos a senti-lo como algo eterno e sem idade. A nossa criança interior se liberta para trazer a lembrança perfeita de algo que nos vitaliza e alegra, com a qualidade e o frescor do que é eterno.

Sugestões práticas para uma atitude Memorável:

- Preserve a memória de tudo o que pode ser útil para as gerações futuras.

- Faça exercícios e práticas que mantenham a memória sadia.

- Saber algo de cor é uma das artes do coração.

- Toda ação feita com amor e verdade torna-se inesquecível.

Tome uma atitude CONGREGANTE

Ao tomar uma atitude congregante estaremos demonstrando o valor de se fazer as coisas em grupo e visando resultados que considerem a felicidade e a união de todos. O verdadeiro poder de um grupo está em congregar talentos e distribuí-los para realizar tarefas com eficiência e deleite. O grupo que congrega os melhores resultados é aquele no qual cada indivíduo está consciente de que é assim que a sua Alma atua no mundo: pelo poder transformador de um grupo unido.

Sugestões práticas para uma atitude Congregante:

- Procure e encontre o seu grupo de Almas.

- Se você anda isolado, desenvolva mais o seu instinto gregário.

- Veja como você poderia se juntar a um grupo. Cantar em um coral, por exemplo.

- Reúna família e amigos para uma celebração sem motivo nenhum especial, só pelo prazer da companhia.

Tome uma atitude EXPRESSIVA

Seja usando a voz e a palavra, o corpo e dança, a arte e a representação da beleza e tantos outros meios, a atitude expressiva é o efeito de uma pressão suave, amorosa e inadiável exercida pela Alma. Percebemos que não é mais possível deixar para depois o momento de dizer ou de exprimir o que estamos sentindo e percebendo com uma clareza inabalável. Sabemos que é preciso encontrar a palavra certa e o jeito adequado de dizer ou de expressar a verdade que nos liberta e cura todo o nosso medo de amar. Tomar uma atitude expressiva é uma via direta para o poder autêntico da Alma.

Sugestões práticas para uma atitude Expressiva:

- Expresse com clareza o que você sente e seja perfeitamente compreendido.

- Viva e expresse com autenticidade seus sentimentos e valores.

- Evite a prolixidade e os rodeios na comunicação: tome uma via expressa.

- Quem se expressa com Alma está livre de qualquer forma de pressão.

Tome uma atitude UNIFICADORA

Para tomar uma atitude unificadora é preciso que nos tornemos conscientes da presença de Deus dentro e fora de nós, como a Única Fonte de tudo. Essa realização esvazia a noção de um ego separado e pode revelar o sentido e a necessidade de sermos impessoais, não porque deixamos de existir como pessoas, mas porque se dissipa a ilusão de que exista alguém que possa estar separado da Pessoa de Deus. Essa verdade pode passar despercebida ou ser esquecida por muitos de nós, mas nada nos impede de experimentá-la diretamente. E quando isso acontece, tomamos uma atitude unificadora.

Sugestões práticas para uma atitude Unificadora:

- Sinta-se na Presença de Deus a todo instante e veja-se unido à Sua Criação.

- Pratique a impessoalidade pela união.

- Participe de projetos que promovam a união entre povos, culturas e credos.

- Pratique a parceria interior e unifique os diferentes níveis da sua consciência.

Tome uma atitude ADEQUADA

Para cada momento e situação existe uma maneira adequada de agir. Quando tomamos uma atitude adequada, sabemos como fazer algo justo e bom e na medida da necessidade que se apresenta. A atitude adequada faz com que nos moldemos à ocasião e encontremos o nível certo de intensidade e de envolvimento que a pessoa, o grupo ou a situação irão demandar de nós. A busca de um sentimento de igualdade valoriza a participação de todos e faz com que as pessoas disponíveis para agir no momento tenham objetivos convergentes. Assim, o bem comum que é adequado para todos é partilhado igualmente.

Sugestões práticas para uma atitude Adequada:

- Veja se você precisa ajustar seus compromissos ao tempo disponível em sua agenda.

- Dê a mesma importância a todos os aspectos de uma questão.

- Procure minimizar sua expectativa diante do imponderável.

- Considere que há sempre algo essencial que nos iguala ao que consideramos diferente de nós.

Tome uma atitude RESPEITOSA

Quando olhamos para alguém ou para alguma coisa com um olhar que vê de verdade e que está livre de projeções inconscientes, estamos tomando uma atitude respeitosa. Esse olhar diferenciado é que nos coloca na posição de quem quer tratar sem preconceitos e com dignidade o outro e a si mesmo. A estima, a atenção, o amor e a visão clara são elementos que se aliam em nossa consciência para criar um ambiente onde somos respeitosos e, por isso, respeitáveis. Quem age com respeito participa voluntariamente na criação de uma cultura de paz.

Sugestões práticas para uma atitude Respeitosa:

- O respeito começa no olhar de quem vê a vida livre de todo e qualquer preconceito.

- Tudo o que vive e vibra merece o nosso respeito.

- Respeite fervorosamente os direitos humanos, os animais, os vegetais e os minerais.

- Respeite os códigos de conduta que geram culturas de paz, em família, em comunidade, na Terra inteira.

Tome uma atitude INOVADORA

Os tempos de mudança em que vivemos exige de nós uma atitude inovadora. Quem inova sabe que a mudança é a possibilidade mais segura com que podemos contar. Para crescer e passar para estados mais amplos e elevados de consciência é preciso inovar e dançar com as dinâmicas mutações da vida. Dar as boas-vindas ao que é novo e desconhecido é o caminho preferido de pioneiros que vão à frente e abrem caminho para o que precisa ser revelado e conhecido, pelo bem de todos.

Sugestões práticas para uma atitude Inovadora:

- Atente para algo novo que bate às portas da sua percepção.

- Mude de perspectiva com relação a uma velha forma de encarar a vida.

- Inove e renove; faça algo que deixe você com um olhar e um espírito renovados.

- Fique antenado com as mudanças do mundo à sua volta. Informe-se para inovar.

Tome uma atitude PROTETORA

A atitude protetora é aquela que nos torna verdadeiramente conscientes da necessidade de proteger algo que é vulnerável e inocente. Pode ser que estejamos diante de uma criança, de um idoso ou de um ser da natureza que precisa da nossa proteção. A atitude protetora nos coloca na posição de oferecer um abrigo efetivo em nossa ação e também na abertura do nosso coração para dar segurança emocional e afetiva a quem precisa dela, nesse instante. Ao tomarmos uma atitude protetora estamos também querendo preservar intacta a essência de cada ser.

Sugestões práticas para uma atitude Protetora:

- Proteja a Natureza tornando-se consciente do que você consome.

- Crie um Santuário interior e se proteja dos ruídos do mundo exterior.

- Proteja a sua criança interior tornando-se consciente de suas necessidades emocionais.

- Proteja, conserve e preserve as dádivas naturais deste planeta azul onde vivem incontáveis seres.

Tome uma atitude MODERADA

A atitude moderada faz com que encontremos a medida exata para tudo o que queremos conhecer e experimentar. Ela indica o momento certo para eliminar excessos e nos libertarmos do exagero e da pompa desnecessária. Quando tomamos uma atitude moderada, encontramos o caminho livre para o autocontrole ou até mesmo para nos abstermos de consumir ou dizer algo que irá nos prejudicar. Assim, nós nos transformamos em agentes moderadores que sabem o momento e a medida certa para agir no mundo, ao mesmo tempo que criamos um ambiente onde reina a temperança.

Sugestões práticas para uma atitude Moderada:

- Beba, coma e fale com moderação.

- Evite todos os exageros inadvertidamente impostos pela sociedade de consumo.

- Tempere sua vida com momentos de reflexão e meditação.

- Mantenha a modéstia, mas não tenha medo de mostrar suas qualidades.

Tome uma atitude PRODUTIVA

Para tomar uma atitude produtiva precisamos nos colocar no campo fértil das idéias e dos sonhos que esperam a nossa ação para se tornarem realidade. Isso fica fácil quando admitimos que já carregamos dentro de nós a consciência da abundância que faz frutificar os nossos esforços e atrai os recursos necessários e aliados visíveis e invisíveis. A atitude produtiva faz de nós co-participantes conscientes da criação – pessoas que evitam desperdícios e só usam o que é tangível e necessário. Isso nos transforma em elos fortes de uma corrente invisível do bem.

Sugestões práticas para uma atitude Produtiva:

- Não deixe a inércia assumir o controle sobre você. Mexa-se e alcance seus objetivos.

- O impossível se faz de imediato. Milagres são imponderáveis.

- Apóie quem produz pensando na conservação da Natureza.

- Respeite a Vida em todos os seus atos produtivos.

Tome uma atitude PARADOXAL

Como fazer cessar o som de um sino distante? Como fazer cessar a dor da separação? Os grandes sábios dizem que não é possível fazer cessar, mas se tornar "um" com o som ou com a dor. A atitude paradoxal nos convida a dar um primeiro passo e aceitar o que é aparentemente absurdo ou contrário às expectativas e o conhecimento do nosso ego. Isso pode nos ajudar a superar o conflito e o estresse causados pela dualidade que fragmenta a nossa percepção e nos impede de estarmos unidos a tudo. Todos os paradoxos se resolvem na percepção não-dual da nossa Essência Divina.

Sugestões práticas para uma atitude Paradoxal:

- Ame o silêncio. Tudo o que é real não pode ser expresso em conceitos ou palavras.

- Se há tantas estrelas no céu noturno, por que a noite não brilha como o dia?

- Qual o som de uma única mão batendo palma?

- Porque não sabemos nada da Realidade, não a reconhecemos quando a vemos.

Tome uma atitude SUBJETIVA

Ao tomar uma atitude subjetiva, nós nos transformamos no sujeito merecedor da nossa própria atenção. A primeira coisa a fazer antes de agir ou de emitir juízos é olhar para dentro de nós mesmos e perceber o que estamos sentindo e pensando. A subjetividade se transforma em contemplação da Alma e criamos espaços internos na consciência onde é possível perceber as implicações dos nossos atos e escolhas. Essa atitude nos liberta do risco de uma ação impetuosa ou impensada, já que estamos atentos ao significado do que acontece subjetivamente em nossa consciência.

Sugestões práticas para uma atitude Subjetiva:

- Dedique momentos do seu dia à contemplação do que se passa ao seu redor como uma testemunha silenciosa e impessoal.

- Crie um espaço silencioso e subjetivo no interior da sua consciência para irradiar o amor e a luz da Alma, pela paz do mundo.

- Procure os significados mais profundos daquilo que você faz na sua vida.

- Observe a si mesmo pelas lentes impessoais e amorosas da sua consciência divina.

Tome uma atitude REVELADORA

O que pode ser mais revelador neste momento? O fim ou o começo de uma grande era? A revelação de um mistério divino? A mensagem de um Anjo? Para tomar uma atitude reveladora precisamos ficar em estado de prontidão, semelhante a um profeta moderno que sabe escutar a voz da Alma, no silêncio sagrado da mente e do coração. Toda revelação vinda desse espaço sagrado deve servir para curar divisões internas e externas e dissolver a grande ilusão da separatividade. A revelação mais importante que podemos fazer ao mundo é a descoberta de que aprendemos a amar incondicionalmente o próximo como a nós mesmos.

Sugestões práticas para uma atitude Reveladora:

- Que revelação transformadora você gostaria de fazer a si mesmo nesse momento?

- Que revelação transformadora você gostaria de ver na mídia mundial?

- Não se apegue a revelações que geram o fanatismo e a divisão entre os seres humanos.

- Seja um revelador da beleza e dos potenciais da Alma que cada ser traz dentro de si.

Tome uma atitude PRÓSPERA

Se estivermos com a consciência sintonizada na abundância divina, certamente estamos prontos para tomar uma atitude próspera. A prosperidade é naturalmente atraída quando procuramos manifestar qualidade em tudo o que realizamos. Tudo nos favorece quando lembramos de fazer conexões com a essência das pessoas e das coisas, independentemente da quantidade ou de um retorno a ser obtidos. Quando motivadas pela atitude próspera, o sucesso e a felicidade acabam sendo o resultado natural das nossas ações.

Sugestões práticas para uma atitude Próspera:

- Prosperidade e generosidade andam de mãos dadas. Procure se lembrar disso.

- A prosperidade favorece quem está livre de apegos.

- Se algo não acontecer segundo as suas expectativas, continue sendo uma pessoa próspera.

- Lembre-se, um copo pode estar meio cheio ou meio vazio. É você quem decide como quer vê-lo. E se a vida só lhe der limões, faça uma limonada.

Tome uma atitude TRADICIONAL

O verdadeiro sentido de uma atitude tradicional diz respeito à nossa capacidade de transmitir para as gerações futuras o que é essencial e perene em todas as tradições de sabedoria. A atitude tradicional cuida de manter vivas as ligações entre a sabedoria dos anciões e a vitalidade dos mais jovens. Quando respeitamos e mantemos vivas as identidades que deixam a vida enriquecida e revitalizada por todas as possíveis interconexões entre povos e tradições, também estamos fazendo a nossa parte em religar o ser humano à sua origem divina.

Sugestões práticas para uma atitude Tradicional:

- Veja que tradições de sabedoria você poderia manter vivas, em seu círculo familiar ou na comunidade onde vive, e crie ritos para mantê-las.

- Seja um mensageiro de informações que podem estar se perdendo e assim empobrecendo a Alma de alguém ou de uma coletividade.

- Cuide amorosamente dos ritos simples do seu cotidiano, como se fossem preces que alegram o seu Espírito.

- Pratique a religião do amor ao próximo, de qualquer raça, espécie e denominação.

Tome uma atitude INVENTIVA

Para tomar uma atitude inventiva é necessário entrar em sintonia com o dinamismo das idéias criativas que a Alma nos inspira. Tudo o que precisamos saber para criar algo novo já está à nossa disposição. Basta que lancemos mão dessa mesma inventividade para ir ao encontro das fontes disponíveis dentro e fora de nós mesmos. Se aparentemente há algo faltando, a atitude inventiva irá demonstrar que é possível improvisar ou atribuir novos sentidos e funções ao que está disponível agora. Isso nos ajuda a criar coisas novas e inusitadas onde antes tudo parecia impossível.

Sugestões práticas para uma atitude Inventiva:

- Não se torne vítima da crença na falta. Invente algo a partir do zero.

- Reinvente-se diariamente com idéias que simplificam sua vida.

- Conecte-se com pessoas inventivas e expanda seu potencial.

- Hoje, faça algo inteiramente diferente do habitual.

Tome uma atitude CAPACITADORA

Se tomamos uma atitude capacitadora é porque estamos dispostos a abarcar dentro de nós todas as possibilidades que temos de fazer alguma coisa muito bem-feita. Também queremos que o mesmo aconteça com os outros. A receptividade para compreender o todo de uma questão, de se sentir apto para servir a metas e objetivos nobres e que estejam claros e definidos, é uma marca registrada das pessoas capazes. Agir a partir de uma base assim é dar ao nosso coração a oportunidade de mostrar a vastidão que ele é capaz de conter em si.

Sugestões práticas para uma atitude Capacitadora:

- Favoreça a expressão dos mais velhos e dos mais jovens para que eles nunca se sintam incapazes.

- Capacite pelo Amor, pela ternura e pelo perdão.

- Acolha todas as possibilidades de algo que precisa acontecer e beneficiar a você e a muitos.

- Assuma a responsabilidade pela expressão de seus melhores talentos.

Tome uma atitude SIMPLES

Se estamos dispostos a tomar uma atitude simples é certamente porque não estamos querendo complicar as coisas. Mas, hoje, tomar uma atitude simples significa encontrar a solução para um grave problema que tem complicado tremendamente a vida no planeta Terra: o exagero e o desrespeito de uma economia baseada no consumo excessivo e na desconsideração pelos recursos da natureza. Tomar uma atitude simples é o mesmo que encontrar formas e soluções que não exijam demais desses recursos e criar um estilo de vida que recicle, recupere, renove e devolva à natureza o que ela nos dá em abundância. A Alma do mundo nos agradece e abençoa.

Sugestões práticas para uma atitude Simples:

- Viva uma vida de simplicidade reduzindo o seu consumo de produtos industrializados.

- Simplicidade combina com beleza, inteligência e qualidade de vida.

- Apóie todas as iniciativas que promovem a produção orgânica, que não polui para produzir riqueza.

- Invista em simplicidade. Apóie a ação de empresas e indivíduos que preservam o meio ambiente e usam estratégias auto-sustentáveis.

Tome uma atitude INSPIRADORA

A atitude inspiradora vai nos colocar na posição de alguém que se dispõe a acender a luz num quarto escuro. É a luz que vai revelar e iluminar com seu brilho as mentes e os corações que precisam de inspiração. Ao facilitar a ignição de idéias, sentimentos e ações necessárias e apropriadas para o momento, a atitude inspiradora nos mostra que já trazemos conosco o potencial criativo de que precisamos. Esse potencial é a própria luz da Alma que contém toda a informação que buscamos. Basta acender essa luz e deixá-la iluminar o caminho.

Sugestões práticas para uma atitude Inspiradora:

- Comece o dia conectando-se com a sua Alma.

- Procure fontes de inspiração na Natureza, numa boa leitura ou ouvindo música de qualidade.

- Cultive a calma; ela facilita a visita de "musas" inspiradoras.

- A inspiração, a respiração e a transpiração fazem parte do processo de iluminação.

Tome uma atitude CARIDOSA

A atitude caridosa surge naturalmente na consciência de todos os que perceberam o amor como a base de tudo o que existe. Aquele que dá e o que recebe formam uma unidade indissolúvel, quando envolvidos pela caridade. E, ao agirmos assim, percebemos que a ilusão de estarmos separados do outro deve desaparecer, restando apenas a unidade formada pela ação do amor que age em nós e transforma e cura todas as divisões. Quando somos caridosos, curamos todo o sentimento de falta e nos conectamos com a abundância divina fundamentada na ação de amar ao próximo como a nós mesmos.

Sugestões práticas para uma atitude Caridosa:

- Toda ação caridosa nasce no centro do coração. Conecte-se com ele agora e faça algo pela pessoa mais próxima a você.

- Nutra necessidades verdadeiras em si e no mundo.

- Partilhe o bem que permeia a sua vida e receba esse mesmo bem multiplicado.

- Olhe e veja, ouça e escute, toque e sinta a vida com os sentidos do amor.

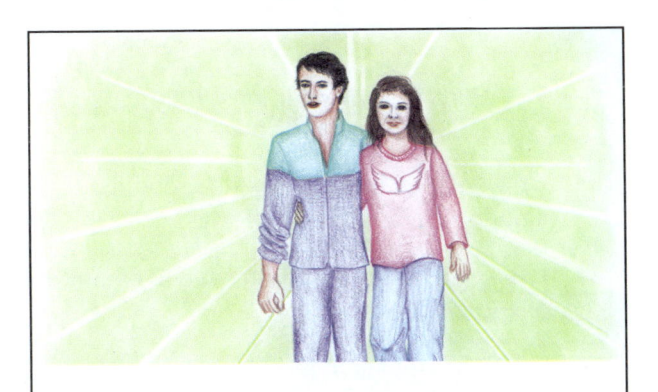

Tome uma atitude CIVILIZADA

Ao tomar uma atitude civilizada estamos respeitando os direitos sagrados de todos com quem partilhamos este planeta. Animais de todas as espécies, vegetais e minerais também são representantes dos reinos que compõem a vida na Terra. Segundo as leis do Amor, eles são "cidadãos" com direitos iguais aos da espécie humana de todas as raças. Se seguirmos essas leis, nossas ações refletirão respeito, gratidão e reverência pelo papel que cada um de nós cumpre nesta vida. Ser civilizado é perceber que somos parte integral de uma única teia da vida.

Sugestões práticas para uma atitude Civilizada:

- Crie uma cultura de respeito e civilidade agindo com polidez e cortesia.

- Exerça sua cidadania promovendo o bom, o belo e o justo.

- Tenha boas maneiras.

- Seja um patrocinador da boa educação.

Tome uma atitude RESSOANTE

Vivemos em campos vibratórios que ressoam com a qualidade de nossa presença. Se formos positivos e criativos, esses campos atrairão pessoas e experiências com a mesma qualidade vibratória. Para tomar uma atitude ressoante precisamos querer vibrar juntos, até criar uma harmonia que atraia as pessoas certas e crie situações concordantes. Não existem barreiras vibratórias para uma pessoa que se expressa com o poder autêntico e que ama sem exigir nada em troca. O campo de atração que ela cria nutre a tudo e a todos que entram em contato com ele. A "trilha sonora" de sua presença é algo que alegra e eleva a qualidade de tudo.

Sugestões práticas para uma atitude Ressoante:

- Faça soar a nota da sua alma e se junte às vozes que cantam o entendimento entre os seres humanos.

- Atente para o tom em que um grupo se expressa. Se for desarmônico, crie afinação silenciando; se for harmônico, contribua com a sua voz.

- Observe os efeitos sonoros da boa música em sua saúde e bem-estar.

- "Viver é afinar o instrumento, de dentro pra fora, de fora pra dentro." ("Serra do Luar", Walter Franco)

Tome uma atitude EDIFICANTE

Quando despertamos para a realidade de que precisamos melhorar a qualidade da nossa vida espiritual, está na hora de tomar uma atitude edificante. Esse é o momento de construir um templo simbólico em nossa consciência e visitá-lo regularmente, em momentos de silêncio ou quando meditamos. Precisamos incorporar as qualidades que constroem a nossa conexão com o Amor e a Sabedoria da Alma. Só assim poderemos participar efetivamente na construção de uma sociedade e cultura que produzam resultados favoráveis a todos.

Sugestões práticas para uma atitude Edificante:

- Vitalize as suas conexões com a Alma meditando regularmente.

- Use a imaginação para construir um templo interior e visite-o sempre.

- Leia livros que expandam e iluminem a sua consciência.

- Faça algo útil e necessário em casa e na comunidade onde vive.

Tome uma atitude REDENTORA

Nem sempre é possível escapar dos erros. Como bem sabemos, errar é uma característica humana. Mas podemos tomar uma atitude redentora sempre que nos damos conta de que erramos e imediatamente reconhecemos que é possível aprender e mudar. Desse modo, devolvemos a nós mesmos a condição de quem é livre para experimentar e acertar, sem medo de errar. A verdadeira redenção vem quando reconhecemos que somente o Espírito divino que nos anima nos salva da prisão de nossas próprias crenças limitantes e nos devolve a inocência perdida.

Sugestões práticas para uma atitude Redentora:

- Para todos os erros existe a possibilidade do perdão. Eis a forma mais simples e direta de redenção.

- Não se deixe envenenar por crenças obsoletas. Livre-se delas reciclando-as.

- Para ter de volta a inocência perdida é preciso lembrar em que lugar a deixamos.

- Não tenha medo de errar ao querer acertar. Às vezes, um grande acerto é o resultado de pequenos erros.

Tome uma atitude SUBLIME

À primeira vista, pode parecer que tomar uma atitude sublime está além da nossa capacidade. Mas, quando agimos com a consciência de que todas as possibilidades estão dentro de nós, porque o EU SOU de Deus é Quem se manifesta por meio de nós, o sublime passa a ser natural. Toda idéia divina tem possibilidade de se manifestar por meio do ser humano que põe de lado suas idéias pessoais, crenças e opiniões e deixa que Deus dirija seus pensamentos e desejos. Quando o ego não atrapalha o fluxo da energia divina através de nós, tudo o que realizamos tem a qualidade do sublime, pois somos Um com Deus.

Sugestões práticas para uma atitude Sublime:

- Expresse suas idéias de modo a elevar a qualidade de qualquer padrão vigente.

- O refinamento da Alma sempre se reflete em suas ações, pois purifica a mente e eleva a qualidade dos pensamentos.

- Às vezes é preciso sublimar o desejo imediato de algo para tê-lo de volta numa condição mais elevada.

- A parte sublime de qualquer ser ou coisa é a sua integridade divina. Portanto, não se fragmente em partes que não fazem sentido se separadas de Deus.

Tome uma atitude CARINHOSA

Ao tomar uma atitude carinhosa entramos em contato com o que existe de mais doce e caro em nosso coração. Todo carinho verdadeiro revela a certeza de que estamos diante de alguém muito querido e que merece toda a nossa atenção. A atitude carinhosa abre espaço para palavras que o amor inspira e gestos que dissolvem o receio de chegar mais perto do bem-amado, do amigo, da criança carente, dentro e fora de nós, ou do bichinho de estimação. Agir com carinho é fazer da suavidade e da delicadeza a marca registrada da nossa presença no mundo.

Sugestões práticas para uma atitude Carinhosa:

- Fale suavemente, sinta a vibração das suas palavras quando ditas com carinho.

- Toque e deixe-se tocar pelas pessoas cujos gestos falam mais que palavras.

- Dê e receba carinho como parte da sua dieta de saúde e bem-estar.

- Olhe nos olhos do seu bichinho de estimação e acaricie-o com a afirmação do seu amor por ele. (Não se esqueça de ser carinhoso com as plantas e as pedras também).

Tome uma atitude PRUDENTE

Um poder maior vem em nosso auxílio quando é o momento de tomar uma atitude prudente. Quando há riscos iminentes, a sabedoria da Alma nos mostra que é preciso agir com prudência e colocar em prática todo o conhecimento que temos para nos prevenir de resultados indesejáveis. Ao tomarmos uma atitude prudente, estamos seguros de que a sabedoria popular está muito certa quando nos diz que é melhor prevenir, sendo prudentes, do que remediar depois. Quando agimos assim, a providência divina está ao nosso lado.

Sugestões práticas para uma atitude Prudente:

- Anteveja os passos que você vai dar com relação a algum projeto importante da sua vida.

- Seja prevenido e proteja-se de danos ao seu corpo e à sua Alma.

- Previna-se antevendo os resultados das escolhas que você vai fazer.

- Seja prudente ao volante e escolha bem seus amigos.

Tome uma atitude MAGNÂNIMA

Para tomar uma atitude magnânima basta apenas lembrarmos que, ao agir motivados pela nobreza e generosidade do Espírito divino que nos anima, todas as criações que passam por nós refletem essa realidade. Vivemos um momento histórico que precisa da magnanimidade de cada indivíduo que habita a Terra. Se, em essência, somos todos grandes Espíritos motivados por propósitos elevados e pela visão de que somos partes de uma única Vida, o simples despertar para essa realidade deverá ser suficiente para qualificar nossas ações.

Sugestões práticas para uma atitude Magnânima:

- Pratique um "fazer acontecer" que se baseia na interdependência de tudo o que existe.

- Em vez de "eliminar", "ilumine" o seu ego.

- As pessoas verdadeiramente grandiosas fazem o bem desinteressadamente.

- Invista em projetos e idéias que deixem a vida simples e grandiosa.

ÍNDICE DAS ATITUDES

Não tome uma atitude 17
Tome uma atitude Pontual 19
Tome uma atitude Diferenciada 21
Tome uma atitude Original 23
Tome uma atitude Enfocada 25
Tome uma atitude Afetuosa 27
Tome uma atitude Transcendente 29
Tome uma atitude Reconciliatória 31
Tome uma atitude Confiante 33
Tome uma atitude Transformadora 35
Tome uma atitude Educativa.................. 37
Tome uma atitude Habilidosa 39
Tome uma atitude Facilitadora 41
Tome uma atitude Leal 43

Tome uma atitude Silenciosa 45
Tome uma atitude Econômica 47
Tome uma atitude Esperançosa 49
Tome uma atitude Caórdica 51
Tome uma atitude Sagrada 53
Tome uma atitude Empática 55
Tome uma atitude Revolucionária 57
Tome uma atitude Prática 59
Tome uma atitude Mobilizadora 61
Tome uma atitude Expansiva 63
Tome uma atitude Fiel 65
Tome uma atitude Eletrizante 67
Tome uma atitude Expedita 69
Tome uma atitude Desintoxicante 71
Tome uma atitude Comemorativa 73
Tome uma atitude Estável 75
Tome uma atitude Íntegra 77
Tome uma atitude Acessível 79
Tome uma atitude Discreta 81
Tome uma atitude Objetiva 83
Tome uma atitude Comunicativa 85
Tome uma atitude Ética 87
Tome uma atitude Pertinente 89
Tome uma atitude Memorável 91
Tome uma atitude Congregante 93
Tome uma atitude Expressiva 95

Tome uma atitude Unificadora............... 97
Tome uma atitude Adequada 99
Tome uma atitude Respeitosa 101
Tome uma atitude Inovadora 103
Tome uma atitude Protetora................... 105
Tome uma atitude Moderada 107
Tome uma atitude Produtiva 109
Tome uma atitude Paradoxal................. 111
Tome uma atitude Subjetiva.................. 113
Tome uma atitude Reveladora 115
Tome uma atitude Próspera 117
Tome uma atitude Tradicional 119
Tome uma atitude Inventiva.................. 121
Tome uma atitude Capacitadora 123
Tome uma atitude Simples..................... 125
Tome uma atitude Inspiradora 127
Tome uma atitude Caridosa 129
Tome uma atitude Civilizada 131
Tome uma atitude Ressoante 133
Tome uma atitude Edificante 135
Tome uma atitude Redentora 137
Tome uma atitude Sublime 139
Tome uma atitude Carinhosa 141
Tome uma atitude Prudente 143
Tome uma atitude Magnânima............... 145